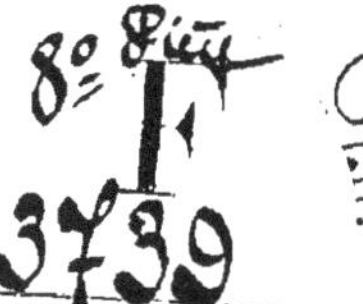

MANUEL

DU

Commissaire-Administrateur

DE

Mense épiscopale

Suivi d'un Extrait du Décret du 6 Novembre 1813

PAR

X. GERIN-ROZE

Ancien Commissaire-Administrateur de la Mense Épiscopale

DE QUIMPER

Sous-Préfet de Murat

1904

A Murat : chez l'auteur — **Prix 1 fr. 50**

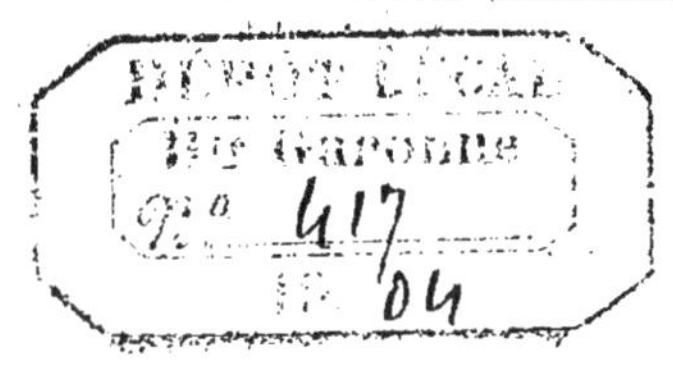

MANUEL

DU

Commissaire-Administrateur

DE

Mense épiscopale

Suivi d'un Extrait du Décret du 6 Novembre 1813

PAR

X. GERIN-ROZE

Ancien Commissaire-Administrateur de la Mense Épiscopale

DE QUIMPER

Sous-Préfet de Murat

1904

A Murat : chez l'auteur — **Prix 1 fr. 50**

Ce manuel vient combler une lacune qui existait depuis la promulgation du Décret du 6 novembre 1813.

Il ne renferme que de simples indications pratiques dictées par une expérience dont l'auteur a cru utile de faire profiter ceux de ses collègues qui pourraient, dans la suite, être appelés aux fonctions de Commissaire-administrateur de Mense épiscopale.

X. G.-R.

Murat, Juin 1904.

MANUEL

DU
COMMISSAIRE-ADMINISTRATEUR DE MENSE EPISCOPALE

Dispositions Préliminaires.

Prestation de serment.

— Aussitôt après avoir reçu l'arrêté de nomination en qualité de Commissaire-administrateur on devra en adresser une expédition au Procureur de la République et lui présenter requête à l'effet de prêter, à l'une des audiences du Tribunal civil, le serment prescrit par l'article 35 du décret du 6 novembre 1813.

Ouverture du livre-journal et du registre
des recettes et des dépenses

— En même temps, conformément aux dispositions de l'article 36 du même décret, on ouvrira un livre-journal et un registre des Recettes et des Dépenses. Ces deux registres devront être cotés et paraphés par le Président du Tribunal Civil.

Le livre-journal, véritable registre d'ordre et de correspondance, est destiné à recevoir l'indication sommaire de tous les actes d'administration du Commissaire ; réception de pièces, documents; etc.; mention des lettres reçues et écrites, dépôts et retraits de fonds. En un mot ce registre doit présenter l'historique de toute l'administration de la Mense.

Quant au registre des Recettes et des Dépenses il en sera parlé plus loin.

Notification de la nomination au Juge de paix et aux Vicaires Capitulaires

— Lorsque la formalité de la prestation de serment sera remplie, le Commissaire-administrateur notifiera sa nomination au Juge de paix qui, au décès du Prélat, a dû apposer les scellés dans le Palais épiscopal et fera opposition à la levée des dits scellés hors de sa présence aux fins de conservation des droits de la Mense.

Il écrira, dans le même but, aux Vicaires Capitulaires en les priant, conformément aux instructions ministérielles, de faire tenir le compte des produits et revenus du Secrétariat de l'Evêché tant en recettes qu'en dépenses.

Levée des Scellés.

— Le Commissaire-administrateur s'entendra avec le notaire et avec les héritiers pour que les scellés puissent être levés dans le plus bref délai possible, de façon à ne pas entraver, pendant trop longtemps, les travaux de l'administration diocésaine et du Commissaire-administrateur.

En effet, le Juge de paix a dû apposer les scellés, non seulement sur les appartements privés du Prélat mais encore sur son cabinet de travail et sur les bureaux du Secrétariat. Bien souvent, les Juges de paix, non prévenus par l'administration préfectorale, se rendent aux protestations des ecclésiastiques attachés à l'Evêché et négligent d'apposer les scellés sur les bureaux du Secrétariat. Il en résulte que jusqu'à la levée des scellés, époque à laquelle le Commissaire-administrateur entre effectivement en fonctions, on a le loisir de faire disparaître beaucoup de pièces qu'il y aurait intérêt pour l'administration civile à connaître et à mettre sous les yeux du Ministre des Cultes.

Généralement, en réponse à la lettre du Commissaire-administrateur les invitant à tenir le compte des produits et revenus du Secrétariat, les Vicaires Capitulaires répondent que le Secrétariat de l'Evêché ne possède pas de revenus et n'encaisse aucuns produits. C'est la question qui, à coup sûr, soulève le plus de difficultés et occasionne le plus d'ennuis. A la vérité le décret de 1813 est fort peu explicite sur ce point. Il se borne à dire, en son article 33, que « le droit de régale continuera d'être exercé ainsi qu'il l'a été de tout temps ». On ne saurait être plus concis et, en cette circonstance, cela est regrettable alors qu'on se trouve en présence des gens d'Eglise qui sont hommes experts en arguties de toutes sortes.

Ils diront suivant Campion (*Manuel de droit civil ecclésiastique*) « que la dotation de l'Evêché ou la « Mense épiscopale se compose des biens qui lui ont « été affectés par l'Etat et de ceux qui lui proviennent « de dons et legs acceptés, ou d'acquisitions à titres « onéreux consommés en vertu de décisions de l'autorité « compétente ».

Ils citeront Dalloz : « Les biens composant la Mense « épiscopale sont les meubles et immeubles acquis par « l'Evêché à titre gratuit où onéreux avec l'autorisation « du Gouvernement » ; et, comme conséquence, ils prétendront qu'il n'y a légalement d'autres biens constituant la Mense épiscopale que ceux qui y sont énumérés.

En vertu de ce raisonnement ils denieront le droit du Commissaire-administrateur de percevoir les « Componendes », c'est-à-dire les droits perçus par l'Evêché pour certaines dispenses.

Pour eux ce ne sont pas des droits mais « de « véritables aumônes qui compensent à peine les frais « de la Chancellerie épiscopale et que l'autorité ecclé-

« siastique ne saurait exiger judiciairement. Elles
« sont au surplus employées en *œuvres pies au fur et*
« *à mesure de leur réception* !»

« *Coponendæ autem nomine intelligitur eleemo-*
« *syna ad pios usus eroganda (Siovine —de dispens.—*
« *matrim.* »

« Le caractère du mandat de l'administrateur de la
« Mense épiscopale est d'en pouvoir gérer les deniers
« de manière à en exiger le paiement par toutes les
« voies de droit *(art. 47 du décret de 1813)*. Or comme
« par leur nature, puisque ce sont des aumônes, les
« « Componendes », ne peuvent être exigées, elles ne
« doivent pas être comptées parmi les deniers qui
« entrent dans la gestion de la Mense ».

Cette théorie est spécieuse et fausse. Les « Componendes » ne sont pas spécialement employées en
œuvres pies. Elles forment le véritable casuel de
l'Evêque et lors d'une vacance, en vertu du droit de
régale, elles doivent entrer dans la Caisse de la Mense
à titre de revenus, sauf à en remettre ultérieurement
le reliquat au nouvel Evêque. Il importe, sur ce point,
de maintenir énergiquement les droits du pouvoir
civil. Au reste si le Commissaire - administrateur
rencontre des difficultés, il devra en référer au
Ministre qui lui adressera des instructions formelles
à cet égard.

Recherche de l'actif et du passif
de la Mense.

— Dans le but de déterminer exactement la
situation de l'Actif et du Passif de la Mense, le Commissaire-administrateur pourra, avant même la levée des
scellés, écrire au Trésorier général pour le prier de
faire rechercher dans ses bureaux et archives s'il a
été opéré, par l'entremise de la Trésorerie, depuis le

jour de la nomination du Prélat défunt, des mutations ou acquisitions de valeurs, soit au nom de *l'Evêque* et *de ses successeurs,* soit au nom du *Diocèse* ou de *l'Evêché.* — Le prier, le cas échéant, d'indiquer la date des acquisitions ou des mutations ainsi que le montant des valeurs négociées.

Ecrire aussi au Directeur de l'Enregistrement pour l'inviter à faire rechercher, dans chaque bureau, quels sont, depuis la même époque, les biens acquis, soit à titre gratuit, soit à titre onéreux, au nom de la *Mense,* de l'*Evêque,* de l'*Evêque et de ses successeurs,* de l'*Evêché,* du *Diocèse.*

Des recherches devront également être faites dans les bureaux de la Direction des Contributions directes. A l'aide des états-matrices de la taxe sur les biens de mainmorte on contrôlera utilement les indications fournies par l'Enregistrement.

Il ne faut pas perdre de vue qu'au point, tant mobilier qu'immobilier, les biens inscrits sous la rubrique de la *Mense épiscopale, l'Evêque, l'Evêque ou ses successeurs, l'Evêché, le Diocèse,* doivent seuls être considérés comme faisant partie de la Mense.

C'est donc indûment qu'on tenterait de s'immiscer dans l'administration des biens appartenant aux grands et petits séminaires, aux maisons de retraite pour les prêtres âgés et infirmes. Ce sont là des établissements ayant leur existence propre et qui sont absolument distincts de la Mense épiscopale. On ne saurait non plus considérer comme revénus de la Mense le produit du 20ᵉ des bancs et chaises, les aumônes pour dispenses de carême celles pour l'œuvre des Séminaires, les honoraires des messes, les fonds pour la « Propagation de la Foi » pour la « Sainte-Enfance », pour le « Denier de Saint-Pierre », pour l' « Œuvre des Missions », pour la « Caisse des Facultés Catholiques », etc. Ces deniers ne sont que des dépôts centralisés au Secrétariat de l'Evêché où ils ne font que passer, mais toutefois on devra s'assurer que ces affectations sont bien précises car sinon, les fonds devront être considérés comme revenus du Secrétariat et perçus, en conséquence, par le Commissaire-administrateur.

Dans le cas où la Mense serait propriétaire d'immeubles loués, le Commissaire-administrateur devra dénoncer sa nomination aux fermiers et locataires qui seront tenus de verser entre ses mains tous deniers, denrées ou autres choses. *(Article 40 du décret de 1813).*

Cette dénonciation se fait par voie administrative avec accusé de réception.

Opérations de Gestion

Levée des scellés:

— Au jour convenu entre le Commissaire-administrateur, le Juge de paix et les héritiers il sera procédé à la levée des scellés.

Dans le but de sauvegarder les droits de l'Etat, le Commissaire-administrateur devra demander au Préfet de le déléguer pour procéder, de concert avec un agent des Domaines, au récolement du mobilier appartenant à l'Etat *(Ordonnance du 7 avril 1819, art. 6 et ordonnance du 4 janvier 1832, art. 2)*

Cette opération sera poursuivie au fur et à mesure de la levée des scellés dans chaque pièce.

Le Commissaire-administrateur agira de même en ce qui concerne le mobilier appartenant à la Mense.

Si un inventaire est tenu à jour au Secrétariat de

l'Evêché la tâche sera aisée, mais dans la plupart des cas ce document n'existe pas.

Il aura donc, de concert avec les héritiers, en s'aidant des indications qu'il pourra recueillir auprès des ecclésiastiques attachés au Secrétariat, à faire le départ entre le mobilier personnel du Prélat défunt et celui qui a été acquis pour les besoins de l'Evêché avec les fonds provenant de la Mense. D'autre part, en prenant connaissance du testament, le Commissaire-administrateur aura à faire état des meubles meublants, livres, ornements sacerdotaux, vases sacrés, etc. que le Prélat aura pû léguer à l'Evêché.

En général, les héritiers sont tentés de considérer tout le mobilier non inscrit à l'inventaire de l'Etat, comme étant la propriété du de cujus. On rencontrera alors des auxiliaires pour maintenir les droits de la Mense dans les prêtres attachés à l'Evêché qui voient avec peine dégarnir le palais épiscopal.

Le Commissaire-administrateur dressera un procès-verbal de la levée des scellés sur papier libre en y mentionnant la date de sa nomination, le nom des personnes qui assistent à l'opération, Juge de paix, héritiers ou leurs mandataires, avec indication de la nature et de la date de chaque procuration, Vicaires Capitulaires, Secrétaire général de l'Evêché, notaire, gardien des scellés.

Il fera mention de la lecture par le Juge de paix de la requête aux fins de levée des scellés.

Enfin il consignera, pour chaque appartement, l'indication sommaire des meubles qui s'y trouvent en indiquant qu'il se réserve d'en dresser, le cas échéant, un inventaire détaillé en présence des héritiers ou d'eux dûment convoqués.

A l'ouverture du coffre-fort renfermant les papiers et deniers de la Mense le Commissaire-administrateur s'assurera au vu du bordereau descriptif que son prédécesseur a dû établir en fin de gestion, que tous les documents énumérés s'y retrouvent exactement.

(Livre journal et Registre de recettes et de dépenses de la précédente gestion, titres de rentes, titres de propriétés, baux, etc.) Si la caisse renferme du numéraire il sera fait mention de la somme trouvée et il sera pris charge du tout après remise des clefs du coffre-fort.

Si au cours de l'opération on trouve des papiers de quelque nature qu'ils soient, ils seront mis à part en indiquant dans le procès-verbal qu'ils seront examinés ultérieurement en présence des héritiers ou eux dûment appelés.

Même mention sera faite en ce qui concerne les dossiers et documents du Secrétariat de l'Evêché. Pour ces derniers toutefois, le Commissaire-administrateur, opérera seul ou avec l'assistance d'un Vicaire-Capitulaire. Les personnes ayant assisté à l'opération signeront le procès-verbal qui restera au dossier. Ce dossier en fin de gestion, sera remis au Préfet pour être versé aux archives de son Cabinet.

Visite des immeubles appartenant
à la Mense.

—Dans le cas où la Mense posséderait des immeubles, le Commissaire-administrateur, en vertu de l'article 42 du décret de 1813, les fera visiter immédiatement après la levée des scellés par deux experts nommés, à sa requête par le Président du Tribunal. Cette visite sera faite en présence du Commissaire-administrateur, les héritiers appelés. Leur absence n'est pas, au reste, de nature à infirmer les opérations. Invitation sera faite aux experts à adresser leur rapport sur timbre en y portant les indications énumérées à l'article 42 du décret précité.

Dans la plupart des cas les immeubles visités sont en bon état d'entretien. S'il en était autrement, dans le but de simplifier les opérations, les héritiers verseraient entre les mains du Commissaire-administrateur qui leur en délivrerait reçu et décharge, la somme nécessaire pour faire effectuer les réparations reconnues indispensables.

*
* *

— Une fois les scellés levés, le Commissaire-administrateur deva se considérer, et cela avec juste raison, comme le représentant de l'Etat.

De son attitude dépendra le succès des négociations, qu'à partir de ce moment pendant au moins les premiers mois de sa gestion, il aura sans cesse à ouvrir avec les Vicaires Capitulaires et les ecclésiastiques attachés aux bureaux de l'Evêché.

Il sera bon que le Commissaire-administrateur installe son cabinet de travail au Palais épiscopal et fasse comprendre aux Vicaires Capitulaires que, s'ils disposent du Spirituel, le Temporel revient en entier au délégué du Gouvernement.

Il les invitera, en conséquence, à ne faire aucune commande, à ne donner aucun ordre concernant, soit l'entretien du palais, soit les bureaux, sans lui en référer au préalable.

D'autre part les domestiques et les fournisseurs seront prévenus dans le même sens.

Aucune fourniture ne pourra être faite sans un bon signé du Commissaire-administrateur.

D'autre part les serviteurs dont l'utilité paraîtra contestable seront congédiés et on devra prévenir le pro-secrétaire ainsi que les prêtres employés au secrétariat, que, pendant la vacance du siège, ils peuvent être autorisés provisoirement à loger au Palais mais, qu'en aucun cas, ils ne sauraient continuer à être nourris aux frais de la Mense.

*Comptabilité. — Registre des recettes
et des dépenses.*

—C'est du jour de la levée des scellés, qu'au point de vue comptable, le Commissaire-administrateur entre effectivement en fonctions.

A cet effet, il ouvrira sur le registre des recettes et des dépenses le chapitre Ier qui doit comprendre les opérations effectuées depuis le jour de la vacance du siège, jusqu'à celui de la nomination du nouvel évêque par le Gouvernement. Pendant ce laps de temps, les produits, en vertu du droit de régale, appartiennent à l'Etat qui a coutume, au reste, de,ne pas en profiter et d'en verser le reliquat entre les mains du nouveau titulaire du siège.

Le chapître II comprendra les opérations faites du jour de la nomination du Prélat à celui de sa mise en possession. Le reliquat des sommes perçues pendant cet intervalle lui appartient de droit. (*article 45, décret de 1813*).

*
* *

La première somme à faire figurer en recette est l'encaisse de la Mense existant au jour du décès de l'Evêque et qui devra être remise au Commissaire-administrateur. Quant aux produits du secrétariat la façon la plus simple de procéder sera de se faire verser chaque semaine par exemple, les sommes perçues et qui seront inscrites sur un carnet de recettes par le prêtre chargé de ce service. Le Commissaire-administrateur visera chaque fois ce carnet et inscrira le produit sur le registre ainsi qu'il suit :

Date de la recette | — Produits du secrétariat du   au | « | «

Pour les dépenses, elles seront soldées sur factures établies sur papier libre. On donnera à chacune d'elles un numéro d'ordre qui sera reproduit sur le registre de cette façon par exemple.

Octobre | 20 | — Facture X (Réparation au calorifère) (24) — | « « | « |

Tous les trimestres, le Commissaire-administrateur payera sur état collectif émargé et timbré les ecclésias-tiques attachés aux bureaux de l'Evêché ainsi que les gens de service du Palais épiscopal. Cet état établi par ses soins sera visé par l'un des Vicaires Capitulaires.

En résumé, si l'on veut arriver à un résultat, il ne faut pas laisser aux bureaux de l'Evêché la latitude de disposer des deniers de la Mense selon leur bon plaisir et se borner à de simples vérifications qui ne pour-raient être qu'absolument illusoires.

Quant aux produits du secrétariat, le pouvoir civil ne dispose d'aucun moyen direct de contrôle pour en apprécier le montant et l'importance.

C'est en consultant les carnets de comptabilité des années précédentes, si on ne les a pas fait disparaître, c'est à l'aide d'investigations longues et patientes que le Commissaire-administrateur pourra se faire une opinion à ce sujet et empêcher, dans la mesure du possible, les dissimulations intéressées.

Sommes déposées en compte courant.

—Le Commissaire-administrateur aura tout intérêt, quand il possèdera en caisse une somme un peu importante, à la déposer en compte-courant en *son nom et qualité*, au compte particulier du Trésorier payeur général; s'il s'agit de sommes dépassant le fond de roulement nécessaire, le ministre en prescrira le placement en rentes sur l'Etat.

En fin de gestion la Mense bénéficiera ainsi d'un intérêt de 1 fr. 50 0/0 alors que si l'argent était déposé au nom de la Mense il ne produirait aucun intérêt.

*Rapport dit de commencement
de gestion.*

— Les instructions prescrivent au Commissaire-administrateur d'adresser au Ministre un premier rapport aussitôt après la levée des scellés. Dans ce rapport, dit de commencement de gestion, on devra consigner tous les incidents qui ont pû survenir depuis le jour de la nomination. — Correspondance avec les différents chefs de service relativement aux recherches à faire dans le but d'établir d'une façon précise le patrimoine de la Mense.— Enumération de ce patrimoine tant mobilier qu'immobilier. — Pour les immeubles, le Commissaire-administrateur indiquera l'origine de propriété, le mode d'acquisition et l'affectation actuelle. Si l'usage qui en est fait est étranger au but de la Mense, c'est-à-dire si, par exemple, ils sont abandonnés à des congrégations, s'ils sont affectés à des écoles libres, le Gouvernement, par décret rendu en Conseil d'Etat, en ordonne la vente et la conversion du prix en rentes 3 0/0 immatriculées au nom de la Mense. *Ladrat.—(Des Menses épiscopales).*

Cette mesure provoque toujours de la part de l'autorité diocésaine d'énergiques protestations qui peuvent se résumer ainsi :

« Le Commissaire administrateur n'a pas le droit
« d'apprécier l'opportunité des affectations d'immeubles
« faites par les Evêques : il n'est pas chargé, il n'a pas
« le droit de modifier les biens composant la Mense
« pendant la vacance. Son seul droit est de jouir
« des biens qui la composent tels qu'ils se comportent
« quand il s'en saisit. L'article 41 du décret de 1813 est
« formel puisque le Commissaire-administrateur ne
« peut même pas renouveler les baux, à plus forte raison
« ne peut-il aliéner, même à charge de remploi. »

— Mais aussi n'est-ce pas en vertu des pouvoirs

généraux qui lui sont conférés par le décret de 1813 que le Commissaire-administrateur aliène ou renouvèle les baux mais bien dûment autorisé à ce faire par un décret spécial qui lui donne cette mission déterminée.

On ne saurait en effet admettre que sous prétexte que le siège est vacant, les intérêts de la Mense vont péricliter pendant cette vacance sans que personne ait le pouvoir d'y remédier.

L'Eglise qui supporte malaisement le contrôle du pouvoir civil sur l'administration des biens dont elle prétend avoir la propriété pleine et entière, met en avant le Droit canon et tout l'arsenal des Bulles papales pour intimider les vendeurs et acquéreurs de ces biens dits ecclésiastiques. Ce ne sont pas là des arguments et ces menaces ne sont plus pour effrayer aujourd'hui.

Si donc certains immeubles semblent être détournés de leur affectation on ne devra pas hésiter à en demander l'aliénation, car, en principe, la Mense ne doit posséder comme immeubles que ceux qui servent d'habitation aux Evêques. L'immeuble ne saurait être un placement et la Mense, en dehors des immeubles qui servent directement au Prélat, ne doit posséder que des rentes sur l'Etat.

On agira de même pour les valeurs que pourrait posséder la Mense et qui ne seraient pas des titres de rente sur l'Etat au nom de cette dernière. Un décret spécial investira le Commissaire-administrateur de la mission de les vendre pour les convertir en titres réguliers.

— Après avoir établi la situation de la Mense tant mobilière qu'immobilière et présenté les observations et propositions qu'il jugera convenables, le Commissaire-administrateur rendra compte de l'opération de levée des scellés et des incidents qui auront pu survenir.

Il indiquera s'il existe un inventaire du mobilier de la Mense et, dans la négative, il informera le Ministre qu'il y sera procédé ultérieurement.

Il insistera sur la question des produits du secrétariat et sur la façon dont les Vicaires Capitulaires entendent se conformer aux dispositions de Décret de 1813 ainsi qu'aux instructions ministérielles.

Avant l'envoi de son rapport, le Commissaire-administrateur aura dû compulser les papiers trouvés à l'Evêché tant dans les appartements privés du Prélat qu'au secrétariat. Il relatera les recherches auxquelles il s'est livré et en indiquera le résultat. Si certains documents semblent présenter un intérêt politique ou administratif il les adressera avec son rapport au Ministre en les appuyant d'un borderau indicatif sommaire.

D'autre part, en même temps qu'il transmettra le rapport du Commissaire-administrateur, le Préfet devra adresser au Ministre, conformément à la circulaire du 22 juin 1848, un état relatif à l'affectation des appartements du Palais épiscopal.

Dans le but de lui fournir les éléments de ce travail le Commissaire-administrateur dressera un tableau conforme au modèle contenu dans la circulaire précitée et qui est reproduit ci-contre.

DIOCÉSE	DÉPARTEMENT	DÉSIGNATION de l'édifice	PROPRIÉTAIRE	Nombre de pièces	Emploi d'affectation des différentes pièces	OBSERVATIONS
						Indiquer dans cette colonne les personnes qui occuperaient indûment certains appartements. Le Préfet doit demander à ce que congé leur soit signifié.

Inventaire du mobilier.

— Le rapport une fois transmis au Ministre par l'intermédiaire du Préfet, le Commissaire-administrateur pourra s'occuper de l'inventaire du mobilier de la Mense, se trouvant soit dans le Palais épiscopal, soit dans les immeubles qui sont la propriété de cet établissement.

Cet inventaire, tant descriptif qu'estimatif, sera établi en deux exemplaires sur des imprimés conformes au modèle annexé au règlement du 12 juillet 1893 sur la comptabilité départementale. Le premier de ces exemplaires figurera au nombre des papiers de la Mense et le second sera annexé au dossier administratif qui, en fin de gestion, sera versé à la Préfecture.

Dans le but de faciliter les recolements ultérieurs et notamment celui qui devra être fait lors de l'installation du nouveau prélat, il sera bon de dresser un croquis du Palais en numérotant chaque pièce.

Ce numéro, répété dans le corps de l'inventaire en tête de chaque appartement, préviendra les oublis et les faux emplois.

Si la Mense possède une bibliothèque on devra aussi en faire l'inventaire détaillé.

C'est là une besogne longue et délicate mais on sauvegarde ainsi la propriété de la Mense et par suite de l'Etat en empêchant les ouvrages d'être dispersés, sans contrôle possible, dans toutes les cures du diocèse. (1)

----

(1) En 1899, à Quimper, pendant la vacance du siège, la bibliothèque de la Mense se composait de 8.200 volumes. Le Commissaire-administrateur les classa par nature d'ouvrages, sur chaque volume il fit apposer le cachet de la Mense et, dans l'intérieur du plat, il fit coller une petite étiquette portant l'indication de la salle, du corps de bibliothèque et du rayon. Puis, pour chaque auteur, il fut établi des fiches qui furent ensuites classées par ordre alphabétique dans un casier ad hoc.

Assurance contre l'incendie
des biens de la Mense

— Au cours de sa gestion, le Commissaire-administrateur aura à s'inquiéter de savoir si le mobilier, ainsi que les immeubles appartenant à la Mense sont assurés.

Il ne s'agit pas, bien entendu, du Palais épiscopal et du mobilier de l'Etat.

Ce dernier est en effet son propre assureur, mais la garantie des risques ne s'étend pas à la propriété personnelle de la Mense.

Or il arrive que les Evêques s'assurent bien pour leur mobilier personnel mais ne s'inquiètent pas de celui de la Mense.

On doit donc remédier à un aussi fâcheux oubli. Pour ce faire et dans le but de ménager les deniers de l'établissement, on pourra mettre en concours toutes les compagnies représentées dans la ville du siège épiscopal. (1)

---

(1) A titre d'indication voici les propositions qui furent faites en 1899 au Commissaire-administrateur de la Mense de Quimper. (Voir le tableau ci-contre).

	Providence	Nationale	Assurances générales	Mutuelle du Mans	Avec bonification de 20 0/0	Confiance	Soleil	Aigle	France	Phénix	Avec bonification de 20 0/0	Abeille	Avec bonification de 20 0/0	Urbaine	Avec bonification de 20 0/0
	0/00	0/00	0/00	0/00		0/00	0/00	0/00	0/00	0/00		0/00		0/00	
Meubles..................	0.29	0.29	0.29	0.32		0.36	0.42	0.42	0.45	0.60		0.60		0.60	
Lingerie..................	0.29	0.29	0.29	0.32		0.36	0.42	0.42	0.45	0.60		0.60		0.60	
Bibliothèque..............	0.29	0.29	0.29	0.32		0.36	0.42	0.42	0.45	0.60		0.60		0.60	
Objets d'art..............	0.29	0.29	0.29	0.32		0.36	0.42	0.42	0.45	0.60		1.00		0.60	
Vases sacrés et ornements d'église..............	0.29	0.29	0.29	0.32		0.36	0.42	0.42	0.45	0.60		1.00		0.60	
Batiments................	0.15	0.15	0.15	0.10		0.175	0.175	0.42	0.15	0.25		0.25		0.25	

La police sera établie au nom de la Mense épiscopale et figurera au dossier qui sera remis, en fin de gestion à l'Evêque nommé.

Rapport de fin de gestion.

— Le rapport que le Commissaire-administrateur devra présenter en fin de gestion comprendra l'exposé des actes de son administration.

Il y joindra le compte administratif qui sera la reproduction exacte du registre des recettes et des dépenses. Il sera appuyé des pièces de dépenses adressées *en communication.*

Ce compte sera rédigé en double expédition dont une restera au dossier.

Remise de service
        au nouvel Évêque.

— Lorsque le Ministre aura approuvé le compte et fixé, par arrêté, sur la proposition du Préfet, la rétribution du Commissaire-administrateur, conformément aux dispositions de l'article 48 du décret de 1813, ce dernier s'entendra avec le nouvel Evêque et avec le Juge de paix, pour arrêter le jour de la prise de possésion *(articles 6 et 46. Décret 1813).*

On dressera, en double expédition, le bordereau des titres et papiers de la Mense signé par le Commissaire-administrateur et l'Evêque qui devra délivrer en double une décharge des pièces, des fonds et du mobilier.

Puis le Juge de paix arrêtera, en la forme, le livre-journal et le registre de comptabilité *(Article 46. Décret de 1813).*

Enfin une expédition du certificat de décharge et du procès-verbal de remise de service dressé par le Juge de paix sera adressée au Ministre par l'entremise du Préfet. (1)

---

(1) On consultera utilement l'étude très documentée de M. Ladrat, ancien Préfet du Cantal, ayant pour titre : *Des Manses épiscopales et du droit de régale,* Paris, Berger-Levrault et Cie, édit.

Extrait du Décret du 6 novembre 1813 sur la conservation et l'administration des biens que possède le Clergé.

Titre II

Des Biens des Menses Episcopales

Art. 29. — Les archevêques et évêques auront l'administration des biens de leur Mense, ainsi qu'il est expliqué aux articles 6 et suivants du présent décret (1).

Art. 30. — Les papiers, titres, documents concernant les biens de ces Menses, les comptes, les registres, les sommiers, seront déposés aux Archives du Secrétariat de l'archevêché ou de l'évêché.

---

(1) Art. 6. — Les titulaires exercent les droits d'usufruit ; ils en supportent les charges, le tout ainsi qu'il est établi par le Code, et conformément aux explications et modifications ci-après.

Art. 7. — Le procès-verbal de leur prise de possession, dressé par le Juge de paix, portera la promesse, par eux souscrite, de jouir des biens en bons pères de famille, de les entretenir avec soin, et de s'opposer à toute usurpation ou détérioration.

Art. 8. — Sont défendus aux titulaires. et déclarés nuls, toutes aliénations, échanges, stipulations, d'hypothèques, concessions de servitudes, et en général toutes dispositions opérant un changement dans la nature des dits biens, ou une diminution dans leurs produits, à moins que ces actes ne soient autorisés en la forme accoutumée.

Art. 9. — Les titulaires ne pourront faire des baux excédant neuf ans, que par forme d'adjudication aux enchères, et après que l'utilité en aura été déclarée par deux experts qui visiteront les lieux et feront leur rapport ; ces experts seront nommés par le Sous-Préfet, s'il s'agit de biens de cures et par le Préfet, s'il s'agit de biens d'évêchés, de chapitres et de Séminaires

Ces baux ne continueront, à l'égard des successeurs des titulaires, que de la manière prescrite par l'article 1429 du Code C.

Art. 12. — Les titulaires ayant des bois dans leur dotation, en jouiront conformément à l'article 590 du Code, si ce sont des bois taillis.

Quant aux arbres futaies réunis en bois ou épars, ils devront se conformer à ce qui est ordonné pour les bois des communes.

Art. 13. — Les titulaires seront tenus de toutes les réparations des biens dont ils jouissent.

Art. 31. — Il sera dressé, si fait n'a été, un inventaire des titres et papiers ; et il sera formé un registre-sommier, conformément à l'article 56 du règlement des Fabriques.

Art. 32. — Les Archives de la Mense seront renfermées dans des caisses ou armoires, dont aucune pièce ne pourra être retirée qu'en vertu d'un ordre souscrit par l'Archevêque ou Evêque sur le registre-sommier et au pied duquel sera le récépissé du secrétaire.

Lorsque la pièce sera rétablie dans le dépôt, l'Archevêque ou l'Evêque mettra la décharge en marge du récépissé.

Art. 33. — Le droit de régale continuera d'être exercé, ainsi qu'il l'a été de tout temps.

Art. 34. — Au décès de chaque Archevêque ou Evêque, il sera nommé, par notre Ministre des Cultes, un Commissaire pour l'administration des biens de la Mense épiscopale pendant la vacance.

Art. 35. — Ce Commissaire prêtera, devant le Tribunal de première instance, le serment de remplir cette commission avec zèle et fidélité.

Art. 36. — Il tiendra deux registres, dont l'un sera le livre-journal de sa recette et de sa dépense; dans l'autre il inscrira de suite, et à leur date, une copie des actes de sa gestion passés par lui ou à sa requête. Ces registres seront cotés et paraphés par le président du même tribunal.

Art. 37. — Le Juge de paix du lieu de la résidence d'un Archevêque ou Evêque fera d'office, aussitôt qu'il aura connaissance de son décès, l'apposition des scellés dans le palais ou autre maison qu'il occupait.

Art. 38. — Dans ce cas, et dans celui où le scellé aurait été apposé à la requête des héritiers, des exéc u-teurs testamentaires ou des créanciers, le Commissaire à la vacance y mettra son opposition, à fin de conservation des droits de la Mense, et notamment pour sûreté des réparations à la charge de la succession.

Art. 39. — Les scellés seront levés et les inventaires faits à la requête du Commissaire, les héritiers présents ou appelés, ou à la requête des héritiers en présence du Commissaire.

Art. 40. — Incontinent après sa nomination, le Commissaire sera tenu de la dénoncer aux receveurs, fermiers ou débiteurs, qui seront tenus de verser dans ses mains tous deniers, denrées ou autres choses provenant des biens de la Mense, à la charge d'en tenir compte à qui il appartiendra.

Art. 41. — Le Commissaire sera tenu, pendant sa gestion, d'acquitter toutes les charges ordinaires de la Mense ; il ne pourra renouveler les baux, ni couper aucun arbre futaie en masse de bois ou épars, ni entreprendre au-delà des coupes ordinaires des bois taillis et de ce qui en est la suite.

Il ne pourra déplacer les titres, papiers et documents que sous son récépissé.

Art. 42. — Il fera, incontinent après la levée des scellés, visiter, en présence des héritiers ou eux appelés, les palais, maisons, fermes et bâtiments dépendants de la Mense, par deux experts que nommera d'office le Président du Tribunal.

Ces experts feront mention, dans leur rapport, du temps auquel ils estimeront que doivent se rapporter les reconstructions à faire, ou les dégradations qui y ont donné lieu ; ils feront les devis et estimations des réparations ou reconstructions.

Art. 43. — Les héritiers seront tenus de remettre, dans les six mois après la visite, les lieux en bonne et suffisante réparation ; sinon, les réparations seront adjugées au rabais, au compte des héritiers, à la diligence du Commissaire.

Art. 44. — Les réparations dont l'urgence se ferait

sentir pendant sa gestion, seront faites par lui, sur les revenus de la Mense, par voie d'ajudication au rabais, si elles excèdent trois cents francs.

Art. 45. — Le Commissaire régira depuis le jour du décès jusqu'au temps où le successeur nommé par le Gouvernement se sera mis en possession.

Les revenus de la Mense sont au profit du successeur, à compter du jour de sa nomination.

Art. 46. — Il sera dressé procès verbal de la prise de possession par le Juge de paix. Ce procès-verbal constatera la remise de tous les effets mobiliers, ainsi que de tous titres, papiers et documents concernant la Mense, et que les registres du Commissaire ont été arrêtés par le dit Juge de paix : ces registres seront déposés avec les titres de la Mense.

Art. 47. — Les poursuites contre les comptables, soit pour rendre les comptes, soit pour faire statuer sur les objets de contestation, seront faites devant les tribunaux compétents, par la personne que le Ministre aura commise pour recevoir les comptes.

Art. 48. — La rétribution du Commissaire sera réglée par le Ministre des Cultes : elle ne pourra excéder cinq centimes pour franc des revenus, et trois centimes pour franc du prix du mobilier dépendant de la succession en cas de vente, sans pouvoir rien exiger pour les vacations ou voyages auxquels il sera tenu tant que cette gestion le comportera.

IMP. ROCHE AINÉ, MURAT